画说中国
革命精神

红色灯塔

画说延安精神

邵维正 著

江西美术出版社
全国百佳图书出版单位
南昌

图书在版编目（CIP）数据

红色灯塔：画说延安精神 / 邵维正著 . -- 南昌：江西美术出版社，2025. 6. --（画说中国革命精神）.

ISBN 978-7-5480-9958-1

Ⅰ. D648.4-49

中国国家版本馆 CIP 数据核字第 2024VZ0562 号

出 品 人　刘　芳
出版统筹　方　姝
责任编辑　邱　婧
责任校对　陈　曦　彭地强
特约编辑　王城伟
书籍设计　梅家强　闵　鹏　林思同
责任印制　谭　勋

画 说 中 国 革 命 精 神

红色灯塔　画说延安精神

著　者　邵维正
出　版　江西美术出版社
地　址　南昌市子安路 66 号
邮　编　330025
电　话　0791-86566309
经　销　全国新华书店
印　刷　浙江海虹彩色印务有限公司
版　次　2025 年 6 月第 1 版
印　次　2025 年 6 月第 1 次印刷
开　本　710 mm × 1000 mm　1 / 16
印　张　10.25
字　数　100 千字
ISBN 978-7-5480-9958-1
定　价　58.00 元

画说中国
革命精神

红色灯塔 画说 延安精神

◎邵维正／著

HONGSE DENGTA

HUASHUO
YAN'AN
JINGSHEN

江西美术出版社
全国百佳图书出版单位

开篇

延安和陕甘宁边区，从1936年到1948年，曾经是中共中央的所在地，曾经是中国人民解放斗争的总后方。延安和陕甘宁边区的人民对于全国人民是有伟大贡献的。我庆祝延安和陕甘宁边区的人民继续团结一致，迅速恢复战争的创伤，发展经济建设和文化建设。我并且希望，全国一切革命工作人员永远保持过去十余年间在延安和陕甘宁边区的工作人员中所具有的艰苦奋斗的作风。

——毛泽东 1949 年 10 月 26 日给延安和陕甘宁边区的复电

要弘扬伟大建党精神，弘扬延安精神，坚定历史自信，增强历史主动，发扬斗争精神，为实现党的二十大提出的目标任务而团结奋斗。

——习近平 2022 年 10 月 27 日在瞻仰延安革命纪念地时的重要讲话

目录

第二章
解放思想、实事求是的思想路线

第三章
全心全意为人民服务的根本宗旨

第四章
自力更生、艰苦奋斗的创业精神

导言

巍巍宝塔山，滚滚延河水，延安是中国革命的圣地，是引领胜利的灯塔。

1935 年 10 月，从江西出发的中央红军，历经二万五千里长征，百折不挠突破艰难险阻，抵达陕北吴起镇。从 1935 年到 1948 年，党中央和毛泽东等老一辈革命家在延安生活和战斗了 13 年，延安——这座坐落在西北黄土高原的古老城市，由此成了中共中央的“落脚点”，也成了我们党走向新胜利的“出发点”。我们党从这里出发，走上抗日前线，走向解放战场，东渡黄河、进驻西柏坡、挺进北京城，完成了走出延安窑洞、走上天安门城楼的伟大壮举。

这一时期，我们党经历了抗日战争、大生产运动、整风运动、召开党的七大、解放战争等一系列影响和改变中国历史进程的重大事件。我们党在延安时期可歌可泣的活动，在中共党史和中国革命史上都占有极为重要的地位。

党中央在延安的 13 年，毛泽东等老一辈革命家以敏锐的眼光和深刻的洞察力思考中国的前途命运，运筹帷幄，决胜千里，就中国革命作出了一系列重大决策，领导中国革命事业从低潮走向高潮，实现历史性转折，扭转了中国的前途命运。特别重要的是，在中国人民面临着光明和黑暗两种命运和前途抉择的关键时刻，在延安召开的中国共产党第七次全国代表大会，将毛泽东思想确立为党的指导思想，实现了党的空前统一和团结，在党的历史上具有重要的里程碑意义，标志着我们党在政治上思想上组织上走向了成熟，为党后来不断从胜利走向胜利指明了正确方向，开辟了正确道路。

2015 年 2 月，习近平总书记在陕西考察工作时提出："老一辈革命家和老一代共产党人在延安时期留下的优良传统和作风，培育形成的以坚定正确的政治方向、解放思想实事求是的思想路线、全心全意为人民服务的根本宗旨、自力更生艰苦奋斗的创业精神为主要内容的延安精神，是我们党的宝贵精神财富。"

2020 年 4 月，习近平总书记再一次来到陕西考察时强调："要坚持不懈用延安精神教育广大党员、干部，用以滋养初心、淬炼灵魂，从中汲取信仰的力量、查找党性的差距、校准前进的方向。"

党的二十大闭幕不到一周，习近平总书记带领中共中央政治局常委专程从北京前往陕西延安，瞻仰延安革命纪念地，重温革命战争时期党中央在延安的峥嵘岁月，缅怀老一辈革命家的丰功伟绩，宣示新一届中央领导集体赓续红色血脉、传承奋斗精神，在新的赶考之路上向历史和人民交出新的优异答卷的坚定信念。

延安精神是中国共产党在特殊历史阶段，在争取民族独立和人民解放事业的伟大斗争实践中，培养、形成和发展起来的崇高革命精神和优良革命传统。

延安精神上承伟大建党精神、井冈山精神、苏区精神、长征精神，下启西柏坡精神，是中国共产党革命时期的集体记忆。延安精神跨越时空、历久弥新，激励着一代又一代共产党人奋勇前行。从历史走进现实，延安精神更是民族精神的升华，是革命精神的传承，是时代精神的体现，必将在新时代放射出更加璀璨的光芒，汇聚起实现中华民族伟大复兴中国梦的磅礴力量。

第一章
坚定正确的政治方向

坚定正确的政治方向是延安精神的精髓。……全党同志要坚持正确政治方向，坚决贯彻党的基本理论、基本路线、基本方略，坚决落实党中央决策部署，把老一辈革命家开创的伟大事业继续推向前进。

——习近平《继承和发扬党的优良革命传统和作风，弘扬延安精神》（2022 年 12 月 16 日第 24 期《求是》杂志）

（一）瓦窑堡　政治路线得确立
弃前嫌　国共合作为抗日

1935年10月，中央红军经过二万五千里长征，终于落脚陕北吴起镇。此时的中华大地，正是内忧外患、危机四起。1931年九一八事变之后，日本帝国主义侵占了中国东北，1935年日军又制造了华北事变，中国面临空前严重的民族危机。

面对如此紧迫的态势，国民党政府竟继续对日妥协退让，他们丧权辱国，步步撤退，导致日军得寸进尺，越发贪得无厌。华北事变激起了全国人民的公愤。1935年8月1日，中国共产党从民族大义出发，发表了《为抗日救国告全体同胞书》，号召停止内战，建立抗日民族统一战线，共同对日作战。

1935年12月9日，北平数千名学生举行声势浩大的抗日救亡请愿游行，强烈要求国民党当局停止内战、一致抗日，坚决反对“攘外必先安内”的反动政策。这次游行沿途遭到军警的残酷镇压。这就是著名的一二·九抗日救亡运动。这场运动代表着全国人民的利益和愿望，是动员全民族抗战的新起点。

《北上》　高泉　绘

面对抗日救亡运动的新高潮，中国共产党审时度势、果断决策，实行从土地革命战争向抗日民族战争的转变，并制定适合新形势的政治路线和战略方针。一二·九运动爆发后的第八天，即12月17日，中共中央在陕北瓦窑堡召开政治局扩大会议。会议通过了《中共中央关于目前政治形势与党的任务的决议》。

《金秋瓦窑堡》　马志明　绘

决议确定了中国共产党关于建立抗日民族统一战线的策略任务，克服了党内的关门主义倾向。表明中国共产党继遵义会议批判第三次“左”倾错误，解决了军事路线问题和组织问题之后，开始努力解决政治路线问题，具有重大的历史意义。

为配合这一政策调整，中国共产党开始对张学良的东北军和杨虎城的西北军进行统战工作。到 1936 年上半年，红军和东北军、西北军实际上停止了敌对行动，一个抗日民族统一战线的全新局面在西北逐渐形成。

1936 年 12 月 12 日，张学良和杨虎城为了劝谏蒋介石改变“攘外必先安内”的既定方针，达到停止内战、一致抗日的目的，在西安发动“兵谏”。这就是震惊中外的西安事变。

西安事变在全国引起轩然大波。中共中央在对国际和国内的政治形势进行冷静的考量后，主张用和平方式解决西安事变。

中国共产党迅速确定了和平解决西安事变的方针，并应张学良、杨虎城的邀请，派周恩来、博古、叶剑英等人赴西安谈判，迫使蒋介石接受了停止内战、联共抗日等6项条件。

西安事变的和平解决，对中国的政治局势产生了极大的影响，中国的土地革命战争也由此基本结束，国共两党在联合抗日的前提下进行第二次合作已成为不可抗拒的大势。西安事变的和平解决对国共合作抗日起到了重大的推动作用，为抗日民族统一战线的建立准备了必要条件，成为扭转时局的枢纽。抗日战争时期，战胜日本帝国主义、挽救民族危亡成为中国共产党坚定不移的政治方向，是中国共产党人一切言论和行动的准则。

1937年7月7日夜，日本侵略军向北平西南的卢沟桥发动进攻，制造了震惊中外的卢沟桥事变。

卢沟桥事变揭开了中国全民族抗战的序幕。事变第二天，中共中央就通电全国："全中国的同胞们！平津危急！华北危急！中华民族危急！只有全民族实行抗战，才是我们的出路！"

在抗日战争全面爆发的历史转折关头，中共中央于1937年8月22日在陕北洛川召开政治局扩大会议。会议通过了著名的《中国共产党抗日救国十大纲领》

和毛泽东起草的宣传鼓动提纲《为动员一切力量争取抗战胜利而斗争》。这次会议确立了中国共产党在敌后放手发动独立自主的山地游击战争，开辟敌后战场，建立敌后抗日根据地，并在国民党统治区广泛发动群众性的抗日救亡运动等战略任务，标志着党的全面抗战路线的正式形成。1937 年 9 月 22 日，国民党中央通讯社发表《中共中央为公布国共合作宣言》；9 月 23 日，蒋介石发表实际上承认共产党合法地位的谈话，标志着抗日民族统一战线正式形成。

在民族矛盾上升为主要矛盾的形势下，团结全国力量一致抗日就是正确的政治方向。虽然实现了国共第二次合作，但中国共产党人的理想信念决不改变。红军改编为国民革命军的序列，穿上国民革命军的服装，红军将士形象地称之为“白皮红心”。

中国共产党为坚持和维护抗日民族统一战线，始终把握住团结抗日的大方向，同国民党顽固派破坏团结的行径进行了三次有理、有利、有节的斗争。

1939 年冬至 1940 年春，国民党顽固派掀起第一次反共高潮，中国共产党给予坚决回击。为了坚持、巩固和扩大抗日民族统一战线，中国共产党制定了“发展进步势力，争取中间势力，孤立顽固势力”的策略方针，以及“人不犯我，我不犯人，人若犯我，我必犯人”的自卫立场。

1941 年 1 月，国民党顽固派制造了骇人听闻的皖南事变。新四军军部及所属皖南部队 9000 余人遭到国民党军 8 万余人的伏击和围攻，除 2000 余人突围外，一部分被打散，大部分壮烈牺牲或被俘，军长叶挺在同国民党军进行谈判时被扣押，副军长项英在突围过程中遇害。事变发生后，蒋介石竟诬称新四军“叛变”，宣布取消其番号。

面对严峻的形势，中国共产党仍然以抗日大局为重，在军事上严守自卫，在政治上坚决反击。同时，党中央公布大量事实，揭露国民党破坏抗战的阴谋。《新华日报》刊出周恩来题词手迹：“千古奇冤，江南一叶；同室操戈，相煎何急？”中国共产党以民族大义为重的鲜明立场，得到全国人民、中间势力、国民党内正义人士以及国际舆论的普遍同情和支持。1941 年 3 月，蒋介石迫于压力，公开“保证”决不再有“剿共”的军事行动。至此，国民党顽固派第二次反共高潮被击退。

《生命系列——1941.1.14皖南事变》　施大畏　绘

1943年5月，共产国际宣布解散。国民党顽固派以此为由，趁机要求“解散共产党”“取消陕甘宁边区”，并密令重兵驻守西北的胡宗南部准备向陕甘宁边区进攻。对此，党中央在军事上进行必要部署，并在政治上采取一系列强有力的反击措施，使国民党第三次反共高潮尚未形成即被制止。

中国共产党坚持抗战、坚持团结的实际行动，使广大民众看清了共产党确实是以民族利益为重，而不

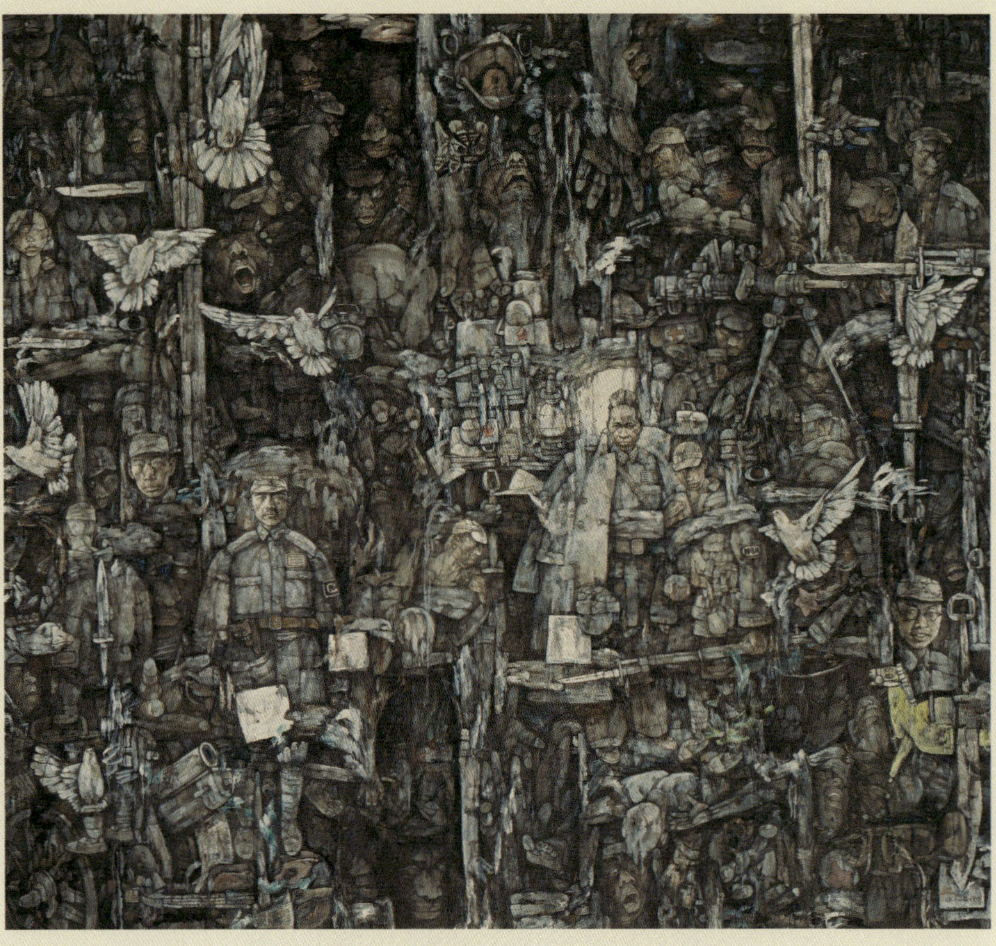

《永生——1941 年 1 月 14 日皖南》　施大畏　施晓颉　绘

是只顾一党一派利益。中国共产党在全国的政治地位空前提高。

（二）如潮涌　民心所向奔延安
似火炬　点燃抗战新希望

中国共产党高举团结抗战的大旗，主张建立最广泛的抗日民族统一战线，因而吸引了一大批爱国青年及有志之士投奔延安。特别是卢沟桥事变后，在国家危亡之际，成千上万的热血青年及爱国人士，冲破重重阻拦，从五湖四海奔向延安。据任弼时1943年12月在中共中央书记处工作会议上的发言，抗战后到延安的知识分子总共4万余人。他们中不乏家境殷实、生活优渥者，甚至还有不远万里归国抗日的华侨青年。

著名女作家丁玲，拿着宋庆龄赠送的350元，冲出国民党的牢笼，于1936年11月率先进入陕北。1937年10月上海沦陷后，一批上海爱国青年为了抗日救亡，辗转13个月，艰难跋涉一万多里，历经千辛万苦终于来到延安。有的青年到西安后，徒步800

《延安风景》　古元　作

《奔赴延安》 陈世和 绘

里，最后才到延安。著名画家华君武瞒着母亲，在朋友的帮助下从上海出发，经过香港、广州、汉口、重庆、成都、西安，最后到达延安。

奔赴延安的爱国青年，不仅要克服路途遥远的困难，更要突破国民党政府的层层阻挠。诗人艾青、严辰，小说家罗烽、逯斐，画家张仃结伴化装而行，一个月越过 47 道关卡，最终来到延安。画家蔡若虹临近延安还是遭到国民党的阻挠，只好绕道香港、河内、昆明，费时 7 个月才到达延安。据不完全统计，从 1939 年到 1942 年，仅在赴延安途中被国民党设立的封锁线截扣的男女青年就有 2100 多人。

有的人甚至冒着生命危险奔赴延安。画家王式廓离开条件优厚的武汉，在途中染上严重疟疾和发高烧的情况下，从西安步行前往延安。著名科学家、作家高士其来得比别人更为艰难。他因科学实验导致下半身瘫痪，但是他同样也来到延安。他豪迈地呼唤:“哦，我是一个不能走路的人！不能走路，也来到延安，也要在路上助威呐喊：赶走日本鬼子，还我中国河山！”

更有拖儿带女全家奔赴延安的，令人动容。舞蹈家吴晓邦及其夫人盛婕，背着未满月的小女儿来到延安；文坛名将茅盾携妻带小也来到延安。

另有一部分特殊人群，是不远万里归国抗日的爱国华侨青年。其中，有位新加坡青年侨胞吴醒柏，他是个独生子。抗战全面爆发后，他不愿做亡国的华侨，决心回国抗战。家里百般阻挠，他就偷偷跑到香港。他的父亲坐飞机追到香港，称只要他肯回去就答应他一切条件，可他还是坚持去西安。经西安八路军办事处介绍，他和其他青年一起步行到了延安。

“打断骨头连着筋，扒了皮肉还有心，只要还有一口气，爬也爬到延安城。”这就是当年革命青年及有志之士的誓言。诗人何其芳描述道：“延安的城门成天开着，成天有从各个方向走过来的青年，背着行李，燃烧着希望，走进这城门。”印度援华医疗队队长爱德华目睹时隐时现的在蜿蜒山路上向延安进发的青年队伍时，由衷地赞叹：“奇迹，奇迹，这简直就是奇迹！这是 20 世纪中国的耶路撒冷！”

延安的宝塔山像高耸的火炬，点燃了千百万热血青年和爱国人士抗战的新希望。一时间，他们从祖国的四面八方汇聚而来，如百川归海般涌向延安，让这片红色土地成为抗战岁月中万众瞩目的精神灯塔。

《延安宝塔》 朱纯 作

（三）三三制　民主政权聚人心
窑洞对　破解历史周期率

中国共产党真心实意地践行抗日民族统一战线的政策主张，突出表现在抗日根据地各级民主政权的建设上。1940 年 3 月 6 日，中共中央发布《抗日根据地的政权问题》，首次明确提出了“三三制”原则：抗日根据地各级民主政权中，共产党员占三分之一，代表无产阶级和贫农；党外左派进步人士占三分之一，代表小资产阶级；不左不右的中间派占三分之一，代表中等资产阶级和开明绅士。

这种“三三制”抗日民主政权是共产党领导的抗日民族统一战线性质的政权，是一切赞成抗日又赞成民主的人们的政权，是几个革命阶级联合起来对付汉奸和反动派的民主专政。

实行“三三制”政权初期，有些共产党员存在轻视党外人士的思想，将党外人士当成摆设。这让党外人士特别是中间人士在心理上产生了“做客”之感，对巩固和发展“三三制”政权是极为不利的。对此，中共中央多次强调要提倡民主作风，遇事先和党外人士商量，取得多数同意后再去做。边区政府又进行了民主作风的整顿,使大多数党员干部转变了作风，尊重党外人士的职权，对其职权范围内的事，放手让他们去做；党外人士取得成绩时给予表扬，存在缺点时及时帮助改正。这一系列举措有效提高了他们的积极性，强化了他们的责任心。

“三三制”的实行，有力地调动了社会各界团结抗战的积极性。一些跑到敌占区的地主开始回乡，乡绅富商也有了在根据地投资经营的积极性。华中根据地实行“三三制”以后，原地方精英、新四军和抗日政权出现了少见的融洽气氛，特别是一些被选或者聘任为参议员和区代表的乡绅，表现出空前的抗日热情。乡绅的积极性调动起来以后，减租减息的阻力也相应地减小了。另外，“三三制”也使边区政权决策的民主性、科学性大大加强，提高了边区各级政权机关的工作效率。

“三三制”政权担负了重要的政治使命，它在最大程度上缓解了根据地内部的矛盾，凝聚了各阶级、各阶层、各界人士的整体力量，铸就了一个团结稳固的抗日后方，极大地推动了抗日根据地民主政治发展的进程。

陕甘宁边区的民主政治建设，在国民党统治区也引起了广泛兴趣和极大反响。1945 年 7 月初，黄炎培等六位国民参政员由重庆乘飞机抵达陕北延安，毛泽东、朱德、周恩来等中共中央领导人到机场迎接。黄炎培等人在延安访问了五天，亲身感受到了一种与重庆截然不同的清新气象。

7 月 4 日下午，毛泽东邀请黄炎培等人在延安杨家岭窑洞住处做客。他们彼此推心置腹，整整长谈了一个下午。这次著名的谈话被后人称为“窑洞对”。黄炎培熟谙历史，又有丰富的阅历，他坦诚地将心中的疑虑说出来：“我生六十多年，耳闻的不说，所亲眼看到的，真所谓‘其兴也勃焉’，‘其亡也忽焉’，一人、一家、一团体、一地方，乃至一国，不少单位都没有能跳出这周期率的支配力。大凡初时聚精会神，没有一事不用心，没有一人不卖力，也许那时艰难困苦，只有从万死中觅取一生。既而环境渐渐好转了，精神也就渐渐放下了。有的因为历时长久，自然地惰性发作，由少数演为多数，到风气养成，虽有大力，无法扭转，并且无法补

《豆选》　彦涵　作

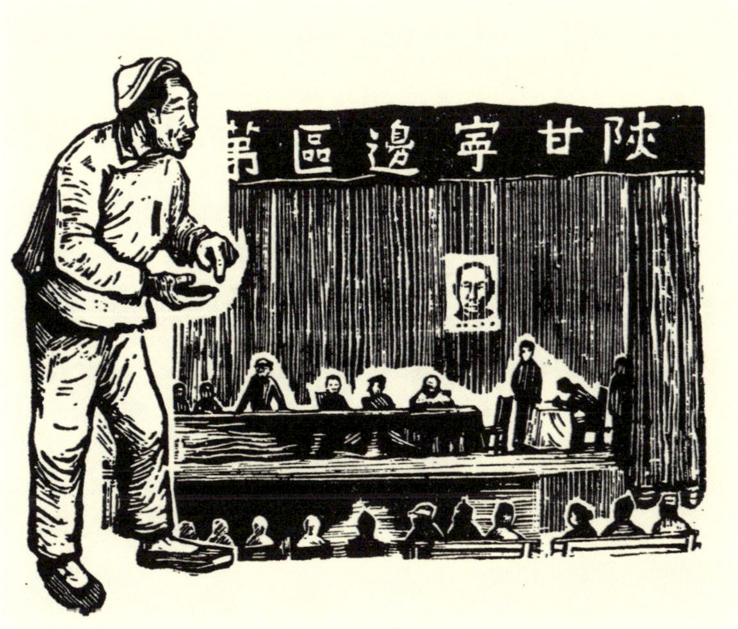

《人民代表发言》　古元　作

《逃亡地主又归来》　古元　作

《投豆豆　选好人》　萧肃　作

救。……一部历史，‘政怠宦成’的也有，‘人亡政息’的也有，‘求荣取辱’的也有。总之，没有能跳出这周期率。”

面对黄炎培尖锐而又深刻的提问，毛泽东沉思片刻后自信地说：“我们已经找到了新路，能跳出这周期率。这条新路，就是民主。只有让人民来监督政府，政府才不敢松懈。只有人人起来负责，才不会人亡政息。”黄炎培听罢，点头表示赞同。

《人民代表选举大会》　力群　作

《向人民政府建议》 萧肃 作

1945 年 8 月 10 日，黄炎培在重庆出版了自己著述的《延安归来》。他在书中写道：“延安五日中间所看到的，当然是距离我理想相当近的。”“我认为中共朋友最可贵的精神，倒是不断地要好，不断地追求进步。这种精神充分发挥出来，前途希望是无限的。”这段窑洞对话，至今仍是共产党人的清醒剂，发人深思，产生着深远的影响。

（四）党旗艳　中共七大谱新篇
拨迷雾　毛泽东思想指航程

中国共产党自成立之日起，就以马克思列宁主义为指导，开始了全新的中国革命。随着革命斗争的深入发展，面对着半殖民地半封建社会的特殊国情和革命道路上艰难困苦的不断求索，全党迫切希望能有一个“中国化的马克思主义”来指导错综复杂的中国革命，这是中国共产党朝着正确的政治方向继续前行的关键所在。

20 世纪 20 年代后期和 30 年代前期，中国共产党内盛行把马克思主义教条化、把共产国际决议和苏联经验神圣化的错误倾向，曾使中国革命几乎陷于绝境。毛泽东思想正是在同这些错误倾向作斗争的过程中逐步形成和发展起来的。

1927 年春夏之交，大革命的失败给中国共产党人以深刻的教训。土地革命战争时期，中国共产党领导了南昌起义、秋收起义、广州起义等大小近百次武装起义，开始了武装反抗国民党反动派的斗争。毛泽东领导湘赣边界秋收起义，并在井冈山创建了第一个农村革命根据地。这期间，毛泽东对中国红色政权存在和发展的原因、条件及其在革命中的作用，对土地革命路线，对新型人民军队的建设与红军作战的战略战术原则，对农村与战争环境中的无产阶级政党建设等问题进行了艰难的探索，成功开辟了一条“农村包围城市、武装夺取政权”的革命新道路。这标志着毛泽东思想开始形成。

延安时期，毛泽东面壁黄土，心怀天下，开创了抗日民族统一战线，领导中国共产党人进行了艰苦卓绝的敌后抗日战争，创建了敌后抗日根据地，并在此基础上，撰写了大批经典著作。据统计，《毛泽东选集》一至四卷159篇文章，有112篇出自延安时期，著名的《矛盾论》《实践论》《论持久战》《新民主主义论》等都写于此。思想的光芒伴着窑洞的灯火，照亮了黑夜漫漫的前行之路。在延安窑洞里奠定了毛泽东思想的根基，毛泽东思想在这里逐渐发展的过程就是马克思主义中国化的过程。

1945年4月20日，中共六届七中全会通过

《铜墙铁壁》 张自嶷 绘

了《关于若干历史问题的决议》，总结建党以来，特别是六届四中全会至遵义会议前这一段党的历史及其基本经验教训，为党的七大胜利召开奠定了坚实的思想基础。同时，全面详尽地阐释了历次“左”倾错误在政治、军事、组织、思想方面的表现和造成的严重危害，并着重分析了产生错误的社会根源和思想根源。更为重要的是，全会充分肯定和高度评价了毛泽东的理论贡献，指出：“到了今天，全党已经空前一致地认识了毛泽东同志路线的正确性，空前自觉地团结在毛泽东的旗帜下了。以毛泽东同志为代表的马克思列宁主义的思想更普遍地更深入地掌握干部、党员和人民群众的结果，必将给党和中国革命带来伟大的进步和不可战胜的力量。”

1945 年 4 月 23 日，全党期盼了很久的中共七大终于在延安开幕了。从 1928 年的中共六大到 1945 年的中共七大，间隔了整整 17 年的时间，这是历次党代会相邻两次相隔时间最长的。为什么这么久都没有开党代会呢？原因是多方面的，概括起来说，主要是：党和党领导的军队一直处于极其严酷恶劣的战争环境中，而且战争造成交通不便，根据地被分割，党的许多高级干部战斗在一线，很难集中起来开会。另一个重要原因是，当时全党对一系列重大是非问题还没有形成一致看法，对于以教条主义为特征的王明“左”倾错误也还没有从思想上系统和彻底地清算。直到整风运动结束后，以上问题基本得到解决，中共七大才得以顺利召开。

为开好党的七大，党中央精心筹备。会场，是新建的。当年朱德向大会致辞，首先就提到了“在我们自己修的房子里开会”。代表，是很早就通知

《毛泽东在陕北》 魏楚予 绘

《红星照耀中国》 沈嘉蔚 绘

了的。他们从革命根据地、从国统区、从沦陷区，山重重、路遥遥、水迢迢，风尘仆仆地赶来，有的要一两年才能来到延安。毛泽东以“小长征”来形容代表们赴会的不易：“中国有名的河流、山川、铁路，都让你们走过来了！”

延安杨家岭中央大礼堂七大开幕式的主席台上，悬挂着毛泽东和朱德的巨幅画像，鲜红的党旗挂在两边。会场后面的墙上，挂着“同心同德”四个大字。两侧墙上张贴着“坚持真理”“修正错误”等标语。主席台的正上方，悬挂着一条引人注目的横幅：“在毛泽东的旗帜下胜利前进！”

755 名代表齐聚一堂，代表全国 121 万名党员。七大前后历时 50 天，也是中国共产党历史上最长的一次全国代表大会。在党的七大开幕之际，毛泽东讲到大会的意义，他充满自信地宣告：“我们这次大会是关系全中国四亿五千万人民命运的一次大会。中国之命运有两种：一种是有人已经写了书的；我们这个大会是代表另一种中国之命运，我们也要写一本书出来。”

党的七大在党的历史上具有重要里程碑意义，标志着我们党在政治上思想上组织上走向了成熟。在政治上，党通过延安整风，使全党团结在毛泽东的旗帜下，实现了党的空前统一和团结。在思想上，党确立了毛泽东思想在全党的指导地位，把毛泽东

《少奇同志在延安》　李晓林　作

思想写入了党章。在组织上，党形成了一支高举毛泽东旗帜的久经考验的政治家集团。党的七大在党的历史上具有极其重要的地位，为党后来不断从胜利走向胜利指明了正确方向、开辟了正确道路。

《1936 · 民族的希望》 金小平 作

第二章
解放思想、实事求是的思想路线

坚持从实际出发，前提是深入实际、了解实际，只有这样才能做到实事求是。同样，只有有实事求是的态度才能重视深入实际、了解实际。要了解实际，就要掌握调查研究这个基本功。

——习近平《努力成为可堪大用能担重任的栋梁之才》（2021 年 9 月 1 日在 2021 年秋季学期中央党校中青年干部培训班开班式上的讲话）

（一）肃流毒　西北肃反救干部
平冤案　“审干”纠偏回正轨

1935 年 10 月 19 日，中共中央和中央红军到达西北根据地，在吴起镇和红二十五军胜利会师。正当毛泽东紧张部署直罗镇战役的时候，陕甘边区的干部和群众向中共中央领导人反映了一个严重的情况：一个多月前，西北革命根据地（包括陕甘边和陕北两部分）发生了严重的“左”倾错误肃反事件，刘志丹、习仲勋、马文瑞等大批负责同志被捕，有的甚至被杀害了。对此，广大干部群众无比愤慨，希望党中央公正处理。毛泽东仔细地倾听了当地干部群众的反映后，当即下令：“刀下留人”，“立即停止任何逮捕，所逮捕的干部全部交给中央处理”。此后，中共中央直接介入陕北“肃反”问题。

中共中央到达关押刘志丹等人的瓦窑堡，对陕北“肃反”问题进行了 20 天认真的调查研究。毛泽东等中共中央领导人意识到肃反错误的严重性和解决肃反问题的紧迫性，及时派人制止肃反的蔓延。毛泽东明确表示：“陕北‘肃反’搞错了，要纠正，要立即

《1935 · 红军》 王德源 周国斌 作

释放刘志丹。”这样，一大批陕北根据地受到残酷迫害的同志，从“左”倾的屠刀下被救了出来。至此，中共中央完成了对陕北“肃反”的纠正处理工作。

延安整风期间，毛泽东亲自领导和参与了西北高干会，为在陕北“肃反”运动中受到冤屈和打击迫害的刘志丹、高岗等人平反昭雪，并高度肯定和赞扬了他们。1942 年 12 月 12 日，中共中央作出了《关于一九三五年陕北（包括陕甘边及陕北）“肃反”问题重新审查的决定》。这个决定再次肯定了刘志丹、高岗等人的历史贡献，起用和重用陕北“肃反”受害者。对在陕北执行“左”倾机会主义路线的具体负责人作了严肃的组织处理。至此，陕北“肃反”受害者在政治上彻底翻身，在组织上受歧视受排挤的问题也得到根本的解决。

1942 年年底，随着几起特务案件的破获，中共中央对陕甘宁的敌特情况作了夸大的估计，开始出现一些偏差，特别是 1943 年把肃清党内暗藏的反革命分子作为整风的主要斗争目标之一，延安整风运动开始转向审干运动。由于康生等人的误导，1943 年 7 月 15 日之后，又开始了所谓的“抢救运动”，此后混淆敌我界限，“逼、供、信”的错误进一步扩大，造成了大批的冤假错案，

《人民的刘志丹》 古元 作

使不少同志无端地受到怀疑、伤害或关押审讯。

毛泽东、任弼时等中共中央领导人及时发现了问题，迅速采取措施。1943年7月30日，毛泽东强调审查干部的方针是：首长负责，自己动手，领导骨干与广大群众相结合，一般号召与个别指导相结合，调查研究，分清是非轻重，争取失足者，培养干部，教育群众，并决定停止“抢救失足者运动”。1943年8月15日，中共中央颁发了《关于审查干部的决定》，重申审查干部必须坚持上述“首长负责”等九条方针。10月9日，毛泽东又指示要坚持“一个不杀，大部不抓”的原则。这在一定程度上遏制了“抢救运动”的危害。

1943年12月，中共中央开始甄别工作，对于“抢救运动”造成的冤假错案，中共中央认真做了善后工作。毛泽东对审干运动出现的偏差主动承担了责任，他多次向受到伤害的同志脱帽鞠躬、赔礼道歉。直到1945年2月的春节团拜会上，毛泽东还再次给那些受了委屈的同志行脱帽礼，向大家赔礼道歉，化解了很多人心中的怨气。毛泽东说：“我们在整风审干中，得到了两条经验。一条经验就是取得了成绩，另一条经验就是犯了错误。我们党有一条规矩，叫做坚持真理，修正错误，一切从实际出发，凡是做对了的，就要坚持；凡是做错了的，就要纠正。”

正是由于中共中央坚持实事求是的思想路线，才比较迅速地纠正了“抢救运动”的错误，保证了延安和各解放区的审干工作重新回到正确的轨道上来。

（二）反教条　总结经验明是非
整三风　步调一致创新局

延安整风运动是一次深刻的马克思主义思想教育运动，也是破除党内把马克思主义教条化、把共产国际决议和苏联经验神圣化错误倾向的伟大思想解放运动。它对于全党同志特别是党的高级干部坚持实事求是的思想路线，具有极其重大和深远的意义。

中共中央发动延安整风运动，还有更深的考虑，概括起来有以下三个方面的因素。

第一，从党的历史来看，经历了两次胜利、两次失败，曾连续发生右倾和三次“左”倾的严重错误，尚未从思想上彻底清算错误的根源，也没有系统地总结历史上的经验教训。

《红色路线》 邓丹娜 作

第二，从党内的现状来看，存在的宗派主义、分散主义倾向，严重影响党中央集中统一领导，有些根据地甚至出现党、政、军“三权鼎立”的现象，争风头、闹矛盾、不团结，削弱了党组织的战斗力，也亟须加以解决。

第三，从党内成员的变化看，抗战以来，中国共产党吸收了几十万新党员。他们革命积极性高，但大多数出身于农民和小资产阶级，对马克思主义知之较少，很容易受到一些错误思想和作风的影响，还带着小资产阶级自由思想甚至封建思想的尾巴。不经历一场系统的、深刻的、全面的整风运动，不从思想根源上解决错误路线问题，中国革命就会受到阻碍。

1941 年 5 月 19 日，毛泽东在延安高级干部会议上作题为“改造我们的学习”的报告，深刻论述了马克思列宁主义基本原理同中国革命实际相结合的原则，尖锐指出主观主义是“共产党的大敌，是工人阶级的大敌，是人民的大敌，是民族的大敌，是党性不纯的一种表现”。他用一副对联来替形式主义者画像：“墙上芦苇，头重脚轻根底浅；山间竹笋，嘴尖皮厚腹中空。”这实际上拉开了整风运动的序幕。

《延安早期毛主席素描像》　靳尚谊　绘

1941 年 7 月和 8 月，中共中央相继作出《关于增强党性的决定》和《关于调查研究的决定》。中共中央书记处又决定编辑马克思、恩格斯、列宁、斯大林反对主观主义、形式主义的言论，由中央同志组成思想方法学习小组，以加强中央对全党思想上的领导。这一系列准备工作完成后，整风运动就水到渠成了。

全党整风运动是从 1942 年正式开始的。当年 2 月，毛泽东先后作了为题“整顿党的作风”和“反对党八股”的报告，全面论述了整风的任务、内容、办法和意义。强调整顿“三风”，即反对主观主义以整顿学风，反对宗派主义以整顿党风，反对党八股以整顿文风。他明确提出：惩前毖后、治病救人是整风的宗旨，开展批评与自我批评是整风的方法。高级干部在研究和讨论党的历史的过程中，不仅掌握了大量历史资料，还分别召开了许多总结历史经验的座谈会，如湘赣边区党史座谈会、鄂豫皖边区党史座谈会、红七军历史座谈会等。这些会议使干部通过回顾切身走过的革命道路，更好地认识中共党内的路线是非问题。

《毛泽东在延安作整风报告》　罗工柳　绘

紧接着，开始了全党范围内的整风运动，延安的中央机关和陕甘宁边区政府的近万名干部参加整风学习。

反对主观主义是整风运动最主要的任务。要克服主观主义，必须以科学的态度对待马克思主义，发扬理论联系实际的马克思主义学风，一切从实际出发，实事求是。

鉴于党的历史上以王明为代表的教条主义错误给中国革命事业带来了巨大损失，认识、批判和总结王明错误的教训，自然成为整风运动的一个重要内容。在中国共产党的历史上，如何对待马克思列宁主义及共产国际的指示，党内一直存在着思想分歧。分歧的焦点，是要不要坚持实践第一的观点，要不要坚持一切从实际出发，理论联系实际，实事求是的思想路线。自遵义会议以后，党从军事上、组织上纠正了以教条主义为特征的王明“左”倾错误，然而，还没有从思想上系统地彻底清算这种错误，党的干部对这种错误的思想根源还缺乏深刻的认识。

1943 年 9 月上旬至 12 月初，中共中央连续召开了三次政治局会议，讨论王明在土地革命战争时期和抗战初期的错误。许多同志在会上批评了王明的错误，有的同志作了自我批评。王明称病未参加会议，中共中央对王明进行了耐心细致的思想工作。毛泽东多次去看望他，并派人去听取他的意见。周恩来也曾去探望并和他促膝谈心。经过做工作，王明的思想有一定的变化，他还写信给党中央，表示同意和拥护《关于若干历史问题的决议》。后来，在中国共产党的第七次全国代表大会上，经过毛泽东做工作，王明仍被选为中央委员。这说明，整风运动不是为了整某些人。对任何同志，包括犯了严重错误的同志，都坚决贯彻了“惩前毖后，治病救人”的方针，借以达到既要弄清思想又要团结同志的目的。

1945 年 4 月 20 日，中国共产党的六届七中全会通过了《关于若干历史问题的决议》。至此，延安整风运动胜利结束。

延安整风运动是中国共产党加强自身建设的伟大创举，是提高党组织战斗力的成功实践。它坚持马克思主义同中国实际相结合的正确方向，使实事求是的马克思主义思想路线在全党范围内深入人心。

（三）察真情　调查研究树新风
下基层　实事求是定政策

毛泽东说：“没有调查就没有发言权。”要做到实事求是，就必须调查研究，加强调查研究是反对主观主义、转变党的作风的基础环节。1941 年 8 月，中共中央作出《关于调查研究的决定》及《关于实施调查研究的决定》，专门设立了调查研究局，毛泽东亲自担任局长，调查研究作为中国共产党的一项重要的工作制度被确立起来。中央及各部委、群众团体成立了各种调查团，广泛开展调查研究工作。

毛泽东率先垂范，他的调查活动随时随地、多种多样。毛泽东对陕甘宁边区经济问题和财政问题进行了深入的调查研究。他全面考察了陕甘宁边区关于发展农业、发展畜牧业、发展手工业、发展合作社、发展盐业、发展自给工业、发展军队的生产事业、发展机关学校的生产事业等问题。正因为这些调查研究，毛泽东找到了革命根据地的经济工作与财政工作的规律，制定出发展经济、保障供给，以及公私兼顾等一整套财政工作的方针政策。

1940年5月，朱德从前线回到延安，看到各机关、学校、军队几乎断炊的情况，他心中非常焦虑。为解决吃饭问题，朱德经过一番了解，把目光瞄向了位于延安东南50千米处的南泥湾。此后，朱德多次带领技术人员前往南泥湾对土壤、水质等进行全面勘察，又邀请董必武、徐特立、张鼎丞、王首道等前往延安西川、南泥湾等地考察，认定南泥湾是一块适合屯田垦荒的好地方。实行屯田开荒的“南泥湾政策”，正是一系列调查研究的结果。

陕甘宁边区政府主席林伯渠曾多次深入农村进行实地考察。1941年，他率领陕甘宁边区政府考察团到富县、甘泉进行调查研究，搜集区、乡基层的具体材料，为西北局高干会的召开作准备。1943年4月25日至5月6日，林伯渠又深入安塞、志丹两县农村，进行调查研究，并写了《农村十日》调查报告，发表在当年5月30日的《解放日报》上。

1940年9月开始，中共中央政治局决定由任弼时负责领导陕甘宁边区的工作。1941年，他在调查研究的基础上，认识到盐业收入是陕甘宁边区政府的重要财源之一，通过运盐可以解决边区的财政经济困难，

《任弼时》 邵增虎 绘

为此分别听取各县运盐队的汇报，包括出动劳力和畜力数、每头牲口驮盐的数量、沿途的伙食、草料开支，以及离盐池远近的各运盐队所获的纯利等，从中探索规律，并提出了盐业“官督民运”等具体措施。

1947 年 9 月，《中国土地法大纲》颁布之后，各解放区形成了一个规模空前的土地改革高潮。为了掌握土改情况，任弼时利用闲余时间在附近的村庄作了一系列调查。他深入农民大众，询问生产生活情况，虚心听取人民群众对土改的意见，甚至参加一些村子的斗地主大会，亲身感受土改运动。他还发动身边工作人员利用与群众接触的机会，按村、按户调查他们分得的土地面积、土地质量、粮食产量，以及评定成分情况和他们对土改的意见。就这样，任弼时经过汇总分析，大致掌握了周围 30 多个村子的基本情况。1947 年 12 月 25 日至 28 日，中共中央在陕北米脂县杨家沟召开扩大会议，即十二月会议。任弼时在会上指出当时土改中“左”的错误，得到了毛泽东的支持和肯定。1948 年 1 月，他又在西北野战军前线委员会扩大会议上作了为题“土地改革中的几个问题”的报告。这场报告对纠正“左”的错误倾向、保证土地改革的正确开展、维护广大群众的根本利益起了重要作用。

在这种背景下，当时担任中共中央政治局常委、中央书记处书记兼中央宣传部部长的张闻天提出赴绥德和晋西北作农村调查的计划，中央书记处批准了他的计划。1942 年 1 月 26 日，张闻天率领“延安农村调查团”从延安出发，至 1943 年 3 月 3 日回到延安，

《党的十二月会议》　靳尚谊　绘

在陕北和晋西北的神府、兴县、米脂、绥德等地的二十三个村镇作了为期一年零两个月的调查研究，先后形成了《贺家川八个自然村的调查》《杨家沟地主调查》《兴县十四个自然村的土地问题研究》《神府调查经验谈》《碧村调查》等调查报告。回到延安后，张闻天写成报送中共中央的调查总结报告《出发归来记》。“调查研究是从实际出发的中心一环”就是在这个报告中提出的。

延安时期，各调查研究机构在一年多时间里收集的大量资料，为党中央和边区各级政府制定正确的方针政策提供了重要依据，发挥了积极作用。

（四）闻骂声　细查缘由调政策
保民生　限额征粮减赋税

1940年至1941年，被毛泽东称为黎明前的黑暗时期，国际、国内的局势都是最困难的。国际上纳粹德国及其仆从国发动“巴巴罗萨计划”，苏联卫国战争形势严峻。国内日寇大扫荡频繁，新四军在皖南事变中损失惨重，国民党顽固派蚕食解放区，加紧封锁陕甘宁边区；加之边区遭受严重的自然灾害，延安军民生活越发艰苦。当时延安的大生产运动尚未开展，陕甘宁边区的财政经济极为困难，有些地方的抗日军民几乎没有衣穿，没有菜和油吃。战士没有鞋袜，工作人员冬天没有被盖，甚至吃粮也很困难。

陕北人口激增，加上日寇封锁和自然灾害，广大农民的负担迅速加重，军民关系也开始紧张，甚至出现有人谩骂毛泽东的事情。

1941 年 6 月 3 日，陕甘宁边区政府召开县长联席会议，突然天降大雨、电闪雷鸣，参加会议的延川县代县长被雷电击中身亡。正好那一天，一位农民的一头驴也被雷电击死，这位农民逢人便说："老天爷不睁眼，咋不打死毛泽东。"这句话很快传到了边区保卫机关干部的耳朵里，他们把骂毛泽东的这位农民抓了起来，请示毛泽东怎么处理。

毛泽东听说后，进行了深思，觉得必有原因：骂声背后是不是说明我们哪些政策有失误，或者工作不到位？于是派出以西北局宣传部部长李卓然率领秦川、柯华等人组成的考察团，从 1941 年 9 月

24日至11月25日，到陕西宜川县的固临镇遍访贫农、中农、富农等，做了近10万字的调查实录和初步分析，完成了《固临调查》报告。报告涉及党和政权的下层组织机构、边区农村土地革命后农民成分的变化和思想斗争等，指出了农民负担过重等问题。综合调查结果显示：1941年边区政府征收公粮2000万斤，人民负担太重而产生不满。在调查研究基础上，中共中央

《八路军生产运动——打场》 古元 作

《山区生产》 李桦 作

和毛泽东决定减征公粮，1942年的公粮征收计划由原定的1900万斤降为1600万斤。

据统计，陕甘宁边区农民所交的公粮，从1941年占总收获量的13.58%，迅速降至1943年的不足9%。1943年底，部队的衣食住行实现六成自给，中直机关实现五成自给，边区农民家中储粮平均增加了两倍半。更重要的是，通过广泛发动群众开展生产自救，大大提高了根据地群众生产劳动的积极性，巩固和发展了军政军民关系，密切了党同人民群众的血肉联系，扩大了党在群众中的影响力，为抗战胜利奠定了坚实的群众和物质基础。

《陕北风光》 张映雪 作

第三章
全心全意为人民服务的根本宗旨

全党同志要站稳人民立场，践行党的宗旨，贯彻党的群众路线，保持党同人民群众的血肉联系，自觉把以人民为中心的发展思想贯穿到各项工作之中，扎实推进共同富裕，让现代化建设成果更多更公平惠及全体人民。

——习近平《继承和发扬党的优良革命传统和作风，弘扬延安精神》（2022 年 12 月 16 日第 24 期《求是》杂志）

（一）张思德　全心全意为人民
白求恩　国际主义成楷模

“瓜连的蔓子，蔓子连的根。老百姓连的共产党，共产党连的人民。”这首延安时期的陕北民歌，唱出了共产党与人民心连心的深情厚谊。

在延安，保持党同人民群众的血肉联系，是党中央和毛泽东经常思考的重大课题。1939 年 2 月，在致张闻天的信中，毛泽东提出了“为人民服务”的概念。1944 年 9 月，毛泽东在张思德的追悼会上作了题为“为人民服务”的讲话。

张思德是一名普通的革命战士，出生在四川一户贫苦的农民家庭，1933 年参加红军，1937 年加入中国共产党。在一次反六路围攻的战斗中，他右腿先后两次负伤仍强忍剧痛，冲入敌阵，缴获了两挺机枪。在长征途中，他曾两度经过人迹罕至的雪山、草地，历尽千辛万苦。到达陕北后，他被调到中央军委警卫营通讯班当班长。在数年的通讯工作中，他兢兢业业，吃苦耐劳。1940 年，为解决中央机关冬季取暖问题，他带领一班人到延安以南的土黄沟深山老林中烧木炭。他们苦战了三个月，经过伐树、打窑、烧火、出窑、捆扎、

《张思德同志》　杜滋龄　绘

运输等数道繁重的工序，终于把八万斤木炭运到了延安。

1941年，抗日战争进入最艰苦的时期，为克服敌人封锁带来的经济困难，张思德随警卫营到南泥湾开荒。1942年冬，他从南泥湾调回延安。1943年初夏，他被调到枣园，分配到毛泽东身边当警卫战士。

1944年，组织上再次派张思德到安塞县（现延安市安塞区）烧木炭。9月5日，他正在炭窑内工作时，炭窑突然塌方，他奋力推开战友，自己却牺牲在炭窑里。毛泽东获悉张思德牺牲的消息后，十分悲痛，随即作了三点指示：那一带狼多，晚上要派人站岗；尽快把尸体挖出来洗干净，买一口棺材；开追悼会，我要讲话。

1944年9月8日下午1时，中央直属机关和中央警卫团在延安凤凰山脚的枣园操场上为张思德举行了千人追悼会。会上毛泽东亲笔写了“向为人民利益而牺牲的张思德同志致敬”的挽联，并发表了重要讲话。

我们的共产党和共产党所领导的八路军、新四军是革命的队伍。我们这个队伍完全是为着解放人民的，是彻底地为人民的利益工作的。张思德同志就是我们这个队伍中的一个同志。

人总是要死的，但死的意义有不同。中国古时候有个文学家叫做司马迁的说过：“人固有一死，或重于泰山，或轻于鸿毛。”为人民利益而死，就比泰山还重；替法西斯卖力，替剥削人民和压迫人民的人去死，就比鸿毛还轻。张思德同志是为人民利益而死的，他的死是比泰山还要重的。

…………

追悼会结束后，时任中央政治局秘书的胡乔木根据讲话记录，对毛泽东的这场讲话进行了认真整理。毛泽东看后稍事斟酌，即在文章上方挥就了“为人民服务”的醒目标题。

《枣园灯光》　古元　作

毛泽东用“为人民服务”五个大字概括了张思德光辉的一生。

与《为人民服务》并称为“老三篇”的《愚公移山》《纪念白求恩》，是中国人民耳熟能详的毛泽东所写的三篇文章，深入亿万人心。

白求恩是加拿大共产党员、世界著名的胸外科医生，还是一位伟大的共产国际战士。为了中国人民的抗日战争，1938 年 1 月初，白求恩受加拿大共产党和美国共产党的派遣，率领援华医疗队由西班牙反法西斯前线转赴中国，历经三个月的艰险跋涉，终于来到延安。

白求恩到达延安不久，毛泽东接见了他，和他进行了亲切的谈话。

1938 年，抗日战争进入极其艰苦的阶段，延安的生活条件非常艰苦。有关部门为了照顾白求恩，尽可能在生活上予以优待。但是，白求恩主动要求取消中央机关对自己的照顾，并且质问有关领导，你们不要这样看待我！的确，我在加拿大有充足的面包、牛奶，优厚的待遇。可是他们（指劳苦大众）仍然有人吃不上面包，喝不上牛奶，过不上优裕的生活，我不是来享清福的，如果为这，我来中国干什么？来延安

《白求恩来华》　潘家骏　骆耀棠　绘

《国际主义战士——白求恩》 胡振宇 绘

干什么？享受对我来讲至少目前是陌生的！他的话使中央领导深受感动，只好取消了白求恩的特殊待遇。

白求恩在延安驻留不过月余，他却以严于律己、艰苦朴素的作风，以及勤勉的工作精神、精湛的医疗技术，赢得了延安军民的敬仰和信赖。

白求恩请求组织上尽快批准他带领医疗队东渡黄河，奔赴抗日前线。他说："我是来工作的，不是来休息的，你们要拿我当一挺机关枪使用！"1938年5月，白求恩获准离开延安，东渡黄河，向晋察冀边区进发。

从踏上抗日前线第一天起，他就以火一样的热情投入工作，不分昼夜地抢救伤员。仅第一周就检查了520多名伤员，一个月内为147名伤员施行了手术，使许多重伤员恢复健康，重返前线。他曾为重伤员献过血，曾在自己身上做过试验，并创造出许多新的治疗方法。他还创办了前线医院和学校，将自己的知识无私地传授给英勇抗战的中国军民，为部队培养了一批又一批的医务人才。同时，白求恩还向世界各地的战友和亲属致函致电，宣传延安山沟里的中国共产党，呼吁世界反法西斯同盟和各国人民以实际行动支援中国人民的正义斗争。

《创伤——白求恩大夫的故事》　沈嘉蔚　绘

1939 年 11 月 12 日，白求恩因抢救伤员感染病毒，不幸在河北唐县逝世。他在临终时给聂荣臻司令员的信中写道：“请转告加拿大共产党和美国人民，告诉他们我十分快乐。最近两年是我生平最愉快、最有意义的时日。”

白求恩逝世后，八路军总司令朱德通令全军对白求恩的逝世表示哀悼，延安各界隆重举行了白求恩追悼大会。毛泽东发表了著名的《纪念白求恩》一文，称赞白求恩：“一个外国人，毫无利己的动机，把中国人民的解放事业当作他自己的事业，这是什么精神？这是国际主义的精神，这是共产主义的精神，每一个中国共产党党员都要学习这种精神。……一个人的能力有大小，但只要有这点精神，就是一个高尚的人，一个纯粹的人，一个有道德的人，一个脱离了低级趣味的人，一个有益于人民的人。”

（二）严治理　民主政府办实事
扫阴霾　边区再现晴朗天

毛泽东指出：“一切空话都是无用的，必须给人民以看得见的物质福利。”土地问题是农民安身立命

《减租会》　古元　作

《耕种在自己的土地上》　夏风　作

的根本问题。抗日战争全面爆发后，阶级利益服务于民族利益。中国共产党在抗战时期，为了实行最广泛的抗日民族统一战线，对土地政策做了重要调整，停止了土地革命时期“打土豪、分田地”的宣传口号，提出了“减租减息”政策。1942 年 12 月，陕甘宁边区政府颁布了《陕甘宁边区土地租佃条例（草案）》，对减租减息作出了具体规定：减租率一般不得低于 25%，减租后新议的地租不得高于当地减租后的租额，承租人应按减租后的标准按时交租，出租人不得随意收回租地。1943 年秋季开始的减租减息运动，激发了农民的生产积极性，进一步促进了边区的农业生产，既让农民得到了实惠，也巩固和发展了抗日民族统一战线。

延安时期，中国共产党和边区政府不仅在经济上减租减息、开展大生产运动，开展改善人民生活，践行“给人民以看得见的物质福利”的理念，还大力加强社会建设，通过发展教育、扫除文盲、开展改造“二流子”运动、肃清土匪等举措，全方位提升社会治理水平。

陕甘宁边区革命前文化教育资源极度匮乏，可以

《读了书又能写又能算》 戚单 作

说边区是一块文化教育的荒地。如盐池 100 人中识字者只有 2 人，华池等县则 200 人中仅有 1 人。至于小学生，全边区过去也仅有 120 个，并且主要是富家子弟。整个边区的中学生更是屈指可数。

1937 年秋，边区政府成立后，要求各级政府尽力创办学校，让适龄儿童走进学校。1940 年边区政府颁布实施了《陕甘宁边区实施普及教育暂行条例》和《陕甘宁边区实施义务教育暂行办法》。到 1945 年，边区共有小学 1377 所。边区政府同时通过培养小学教师、增添教学设备、提倡民办公助等一系列措施，使边区教育在数量和质量上更上了一层楼。

社会成年人群体方面，原先边区农民文盲率达到 99%，有些村庄几乎全是文盲。针对这一现象，边区政府通过大力举办识字组、识字班、夜校、半日校、冬学、民众教育等各种形式的活动，扫除农村文盲，提高边区文化水平。无论是群众教育还是学校教育，都以实用性为主，学以致用，家长与孩子学到了对农村家庭来说更为实用的知识与技能，比如记账、写信、写路条、打算盘等等。

陕甘宁边区政府在财政异常困难的情况下，不惜

《乡村小学》　古元　作

《三边的冬学》　王流秋　作

投入巨大的人力、物力和财力办教育。1945 年，仅教育投入就占了边区财政支出的四分之一。

在经济文化极其落后的延安，社会治理也存在诸多问题。为此，边区政府采取了一系列创新举措，逐步构建起适应战时环境的社会治理体系。

首先，就是对“二流子”的改造。“二流子”是陕北农村对不务正业、不事生产，以鸦片、赌博、偷盗等为活计，装神弄鬼、为非作歹的各种人的统称。根据当时延安的调查，1937 年前延安城区人口不到 3000 人，有“二流子”将近 500 人，占人口总数的 16%；延安县人口约 3 万，有“二流子”1692 人，占人口总数的 5%。1937 年陕甘宁边区政府成立后，边区政府发动群众及各界人士对“二流子”进行改造，以群众运动的方式判定本村哪些人为“二流子”或“半二流子”，发动群众集体劝说与领导、长辈亲自上门个别劝说相结合，软硬兼施，迫使他们改正陋习，重新做人。对于没有资金、缺乏生产资料的“二流子”，政府则给予农业贷款，确保资金，同时想办法解决他们的土地、牲畜、农具等困难。1943 年初统计，边区 3 万多“二流子”得到了改造，未改造的或者改造不彻底的只有9554名；到年底，这部分“二流子”中又有约58.8%得到了改造。被改造的“二流子”不但能够自食其力、积极劳动、养家糊口，而且有些“二流子”还成了劳动模范，促进了边区社会的稳定和发展。

其次，安置移民、难民工作。抗日战争时期，相对其他沦陷区和抗战区，延安是一个安定、没有战乱的后方。因此，周边大量的移民、难民涌入延安。

《改造二流子》 王式廓 作

边区政府采取各种措施安置移民、难民等社会流动人员，使其积极投入生产。为安置移民、难民，边区政府先后颁布了《优待难民办法》《陕甘宁边区优待移民实施办法》及《优待移民实施办法补充要项》等政策，提出了一系列鼓励、奖励移民、难民参加生产的优惠优待政策，移民、难民得到妥善安置，安心生产。

然后，坚决清剿土匪。据不完全统计，1930 年至 1936 年，陕西共发生兵变十多次，失败者大都上山为匪。而地方军阀为壮大实力，大肆收匪为兵或纵兵为匪，导致土匪多如牛毛。至 20 世纪 30 年代中叶，陕西土匪多达 10 余万人。这些大小不等的各股土匪，让百姓艰辛的生活雪上加霜。1935 年 10 月，红军长征到达陕北后，为进一步巩固西北革命根据地，坚决清剿辖区内土匪，土匪大为减少。1937 年全面抗战爆发后，西北成为战略后方，为了保证稳定和安全，陕甘宁边区政府对当地土匪再一次进行大规模清剿，有力地打击了土匪的嚣张气焰，匪患逐年减少。

陕甘宁边区政府全心全意为人民办实事，赢得了边区人民的衷心拥护。他们切实感受到边区的天是晴朗的天，边区的民主政府爱人民。1946 年 2 月 16 日，延安市川口区六乡农民自发敲锣打鼓扭着秧歌来到王家坪，给毛泽东献上了“人民救星”金匾。

（三）延安城 只见公仆不见官 根据地 党群关系鱼水情

1940 年 2 月 1 日，毛泽东在延安民众声讨汪精卫大会上发表讲话指出：“陕甘宁边区是全国最进步的地方，这里是民主的抗日根据地。这里一没有贪官污吏，二没有土豪劣绅，三没有赌博，四没有娼妓，五没有小老婆，六没有叫化子，七没有结党营私之徒，八没有萎靡不振之气，九没有人吃磨擦饭，十没有人发国难财。”陕甘宁边区的“十个没有”是中国共产党的初心使命的具体表现，是延安作风的生动展示，与国统区的“西安作风”“重庆作风”形成了鲜明的对比。

1940 年 3 月，爱国侨领陈嘉庚亲自发起并率领南洋华侨慰问团回国慰劳考察。国民政府在重庆准备了庞大的经费，要举行一系列大小宴会。陈嘉庚对此极为反感，认为在国家艰苦抗战之时，不该如此铺张浪费。重庆见闻令他极度失望："国家前途深可忧虑。"

同年5月31日，陈嘉庚一行突破种种阻拦抵达延安，受到边区党政机关及各社会团体、人民群众5000多人的热烈欢迎。次日下午，陈嘉庚在朱德的陪同下，前往杨家岭会见毛泽东。毛泽东设晚宴一席，用自己种的白菜、豆角来招待客人，外加一味鸡汤。毛泽东抱歉地说："我薪俸有限，没钱买鸡，这只鸡是邻居老大娘知我有远客，送给我的。"对比重庆竞相挥霍之风，陈嘉庚感慨地说："一党之领袖其艰苦朴素有如此者，令人敬佩。"

延安之行，是陈嘉庚人生的一个转折点，同时也对海外侨胞产生了重大的影响。后来，陈嘉庚在缅甸仰光华侨欢迎会上说："中国的希望在延安！"

和陈嘉庚有类似看法的，还有许多来延安采访的外国记者和外国友人。在杨家岭窑洞的一方小桌前，毛泽东会见了美国记者安娜·路易斯·斯特朗。斯特朗后来写道："党的负责干部，住在寒冷的窑洞，凭借微弱的灯火，长时间地工作，那里没有讲究的陈设，很少物质享受，但是住着头脑敏锐、思想深刻和具有世界眼光的人。"美国记者埃德加·斯诺在1936年

《斯诺在中国》　吴云华　绘

《埃德加 · 斯诺》　傅靖生　作

和 1939 年先后长期访问陕北根据地和延安之后，惊叹“那种精神，那种力量，那种欲望，那种热情……是人类历史本身的丰富而灿烂的精华”，是“东方魔力”“兴国之光”，并衷心赞叹在延安“只见公仆不见官”。

1944 年，毛泽东在走访群众时，了解到延安市枣园乡小砭沟村的妇女生育困难。毛泽东紧急召见时任延安市委书记张汉武，对他说：“生儿育女是关系到群众传宗接代的大事，我们作为人民的政府，应该考虑到人民群众的疾苦，并尽力给他们一些帮助。”随后，市委市政府组织人员到小砭沟调查妇女生育困难的原因。经过多方调查研究，最终找到了问题的根源：村民饮用的泉水里有一种有害的物质，造成妇女的不孕症。不仅是小砭沟，大砭沟、侯家沟等地也普遍存在生育困难的问题，其根本原因除陕北的水质有问题外，还有诸如生存条件艰苦、医疗条件差、缺医少药、流行病普遍、封建迷信等各种因素。毛泽东指示中央卫生处协同边区政府及边区医院、卫生所等单位，组织巡回医疗队下乡，开展卫生医疗知识宣传、救治、防疫、水质监测和

《延安风景》　白沙　作

《结婚登记》　古元　作

《讲究卫生》　古元　绘

治理工作。各单位积极响应中共中央及毛泽东号召，采用散发传单、组织秧歌队表演等形式宣传医疗卫生常识，同时直接到老乡家里进行治病、接生等工作。一年以后，小砭沟、大砭沟、侯家沟等村庄都传来了新生婴儿的喜讯。

“延安五老”之一、陕甘宁边区政府主席林伯渠也是勤俭廉洁的表率与模范。1945 年的金秋季节，

《农民诊疗所》　彦涵　作

《卫生宣传》　王流秋　作

一名美国记者返回延安，年初他抄了一份林伯渠的个人生产计划，这次要验证一下。当他看到林伯渠种的菜地和缝补了多次的衣被时，心服口服。傍晚，他漫步在延水河畔，看见小路上走来一位担着马草的小伙子，后面跟着一位戴着草帽、背着大捆马草的老人。近前一看，这位老人竟是林伯渠。这名外国记者激动地张开双臂，高声说道："主席先生，我在这块土地上，从你们的行动里，看到了中国的光明和希望！"

1941 年 9 月 19 日，中共中央作出一项特殊决定，给一些老、弱、病、伤同志发放特殊保健费和保健营养品。当时的营养品就是几十个鸡蛋，但许多同志不愿接受这项特殊待遇。"延安五老"之一、陕甘宁边区教育厅厅长徐特立，年近古稀。当有关人员把鸡蛋给他送去，送蛋的人前脚走，他后脚就送回，一连三次，最后只好把鸡蛋送给伤病员。

延安时期，中国共产党在制定各项方针政策时，始终坚持以有利于人民的利益为标准。1941 年 11 月，在陕甘宁边区第二届参议会第一次会议上，党外人士李鼎铭提出了"精兵简政"的议案。议案提出后，

《延安五老》 吴山明 绘

《延安中央军委办公厅旧址》　郑作良　作

受到一些人的批评，有人甚至怀疑李鼎铭的动机。毛泽东对此十分重视，仔细阅读后在批语中写道："这个办法很好，恰恰是改造我们的机关主义、官僚主义、形式主义的对症药。"后来，毛泽东高度赞扬李鼎铭，说"他提得好，对人民有好处，我们就采用了"。此后，"精兵简政"作为陕甘宁边区和各抗日根据地的一个极其重要的政策被大力推广，对于解决“鱼大水小”的矛盾，减轻人民负担，度过抗日战争最艰苦的阶段，发挥了重大作用。中国共产党人从谏如流的做法使李鼎铭深受感动，他激动地说出了自己的肺腑之言：“我年虽六旬，但已决心与共产党患难与共，休戚相关。”

毛泽东等老一辈革命家在延安，住窑洞、吃粗粮、穿布衣，用“延安作风”打败了“西安作风”。

（四）指方向　文艺走出象牙塔
结硕果　万紫千红新气象

全面抗战爆发后，全国的文艺青年从四面八方奔赴延安，他们满怀革命热情和救国热情，但对如何用革命文化的武器为抗战和人民大众服务，如何与工农兵结合正确发挥自己的才能，并不是很清楚。在文艺界内部，由于长期以来存在的一些争论、分歧，也造成了宗派主义和不团结的现象。

为了克服文艺界存在的各种错误思想，端正文艺方向，1942 年 5 月 2 日至 5 月 23 日，毛泽东亲自主

1942 年“延安文艺座谈会”代表合影

持召开了延安文艺座谈会。100 多人参加了这个座谈会，这些人中有文学、电影、戏剧、美术、音乐等方面的文艺工作者，有文艺界的名人，也有朱德、陈云、贺龙、王稼祥等中央领导人。

毛泽东向与会代表系统地阐述了党的文艺政策，指出：“为什么人的问题，是一个根本的问题、原则的问题。……我们的文学艺术都是为人民大众的，首先是为工农兵的，为工农兵而创作，为工农兵所利用的。”

毛泽东在文艺座谈会上的讲话，如一股清风吹散了笼罩在文艺工作者心中的阴霾，迎来了延安文艺的春天。延安广大文艺工作者一扫过去那种脱离实际、脱离群众的不良风气，深入基层，深入群众，深入敌后抗日根据地，在斗争实践中创造出一大批深受工农兵欢迎的文艺作品。比如小说《小二黑结婚》《新儿女英雄传》《太阳照在桑干河上》《李有才板话》，长诗《王贵与李香香》，等等。

诗人萧三、艾青，剧作家塞克到了南泥湾；作家刘白羽、丁玲、陈学昭到了农村和部队；柳青、高原到陇东去体验生活。丁玲和欧阳山在深入边区生活之后，分别创作了报告文学《田保霖》和《活在新社会里》。毛泽东看到这两篇作品后，当即写信勉励他们："我替中国人民庆祝，替你们两位的新写作作风庆祝！"

1938 年 4 月，鲁迅艺术学院成立于延安，1940 年后更名为鲁迅艺术文学院，简称"鲁艺"。鲁艺编排的大型歌剧《白毛女》和陕甘宁边区秦腔剧团编排的《血泪仇》演出的时候，人们扶老携幼，争相观看。只见屋顶上是人，墙头上是人，树杈上是人，草垛上还是人。悲催的情节感动着全场的观众，

《李有才板话》组图　罗工柳　作

他们有的泪流满面，有的掩面呜咽，一团团怒火压满胸间。

在 1943 年春节兴起的大秧歌运动中，鲁艺师生率先推出秧歌剧《兄妹开荒》，第一次展现了翻身农民的形象，是最受老百姓欢迎的新秧歌剧。毛泽东、朱德、周恩来等中央领导人观看演出后，无不感到耳目一新。毛泽东说:“这还像个为工农兵服务的样子。”

这些秧歌剧、歌剧、秦腔剧的创作中，不但凝聚了作家的心血，也凝聚了音乐家的心血。延安音乐工作者提出“到街头去、到工厂去”的口号。延安时期，由马可、关鹤童、张鲁、刘炽和安波组成了“五人团”。他们创作的《七月里在边区》大型音乐作品很有民族特点，受到军民的欢迎。还有广为流传的歌曲《南泥湾》、秧歌剧《夫妻识字》《兄妹开荒》、歌剧《白毛女》《小二黑结婚》等，都是出自“五人团”之手。

1938 年，冼星海来到延安，任鲁迅艺术学院音乐系主任。在延安期间，他在培养音乐人才的同时，创作了一批歌颂中华民族坚强不屈斗争精神的音乐作品，由他谱曲的《黄河大合唱》无疑是其中最突出、影响最广泛的一部代表作。

《兄妹开荒》 姚发奎 绘

延安戏剧舞台空前繁荣，在改编历史剧方面，也有重大收获。其中影响最大的要数平剧《逼上梁山》。毛泽东看了中共中央党校的演出后，连夜给此剧的编导杨绍萱和齐燕铭复信，赞扬这出戏："……这种历史的颠倒，现在由你们再颠倒过来，恢复了历史的面目，从此旧剧开了新生面，所以值得庆贺。"

《人民音乐家冼星海》　张嵩祖　作

延安还聚集了一大批美术工作者，他们从劳动与土地结合过程中找寻构图，在民主的阳光下发现色彩。延安时期美术创作中的木刻，进一步体现了民族化、大众化的特色。在绘画内容上，出现了许多前所未有的、反映根据地的新的题材，如大生产运动、减租减息、拥政爱民、拥军优属、卫生文教、民主选举、生产竞赛、公粮会议、合作社发展、敌后斗争等。延安的美术工作者深入乡村，从民间艺术中学习和改造了传统年画，推出了具有延

《保卫延安》 牛文 作

《延安夜景 》 刘岘 作

《延安乡干会议》 张望 作

《送别》 计桂森 作

安时期特色的新年画、新窗花，而且涌现了江丰、力群、古元、彦涵、石鲁、王式廓、华君武、张望、沈柔坚、王流秋、计桂森、刘岘、罗工柳、胡一川等一大批优秀的美术家。他们的作品表现了整个敌后抗日根据地的战斗和生活，体现了革命的政治内容和完美的艺术形式相结合。

《说理》　石鲁　作

《组织起来》　焦心河　作

《新年劳军》 王流秋 作

电影团放映队的同志们更是不怕辛苦，赶着几头小毛驴，驮着放映机，翻山越岭，走遍了陕甘宁边区，为广大军民放电影。

一场划时代的革命文艺活动，在陕甘宁边区的红色土地上蓬勃地开展起来。一簇簇文艺鲜花，开遍了边区的山野高原……

第四章

自力更生、艰苦奋斗的创业精神

要大力弘扬自力更生、艰苦奋斗精神，无论我们将来物质生活多么丰富，自力更生、艰苦奋斗的精神一定不能丢，脚踏实地、苦干实干，集中精力办好自己的事情，把国家和民族发展放在自己力量的基点上。

——习近平《继承和发扬党的优良革命传统和作风，弘扬延安精神》（2022 年 12 月 16 日第 24 期《求是》杂志）

（一）创新业　军民携手克时艰
大生产　边区经济过难关

1938 年 10 月，日本军队占领武汉后，接着又调整侵华政策，逐步将主要军事力量转向中国共产党领导下的抗日根据地，实行灭绝人性的烧光、杀光、抢光“三光”政策。国民党顽固派消极抗日，积极反共，包围封锁陕甘宁边区及各抗日根据地。1940 年 10 月，又进而停发八路军、新四军经费。加之华北等地连年遭受灾荒，整个抗日根据地的财政经济出现极大困难，军队和边区机关陷入没粮吃、没衣穿、没被盖、没经费的困境，延安迎来了抗战以来最为艰苦的岁月。

1939 年 2 月，中共中央在延安召开生产动员大会，毛泽东号召陕甘宁边区军民“自己动手，生产自给”，要求部队在不妨碍作战的条件下参加生产运动。陕甘宁边区党政机关、部队、学校和群众响应号召，首先开展起大生产运动。种粮、种菜、养猪、打柴、烧炭和发展手工业，达到粮食和办公费用的自给和部分自给；随后又采取有效措施，要求在原有基础上扩大耕地面积，提高粮食产量，并号召种植经济作物，特别是纺织原料。

在大生产运动中，中共中央领导带头参加生产劳动。毛泽东在延安的杨家岭开荒种菜，经常利用休息时间去劳动。干部群众考虑到他为党和抗战的大事日夜操劳，要求帮他代耕。毛泽东说，大生产运动是党的号召，我应该和同志们一样，响应党的号召。他在自己开荒的地里种上了白菜、土豆、丝瓜等作物。

《自己动手　丰衣足食》　陈达举　绘

朱德除直接领导部队的生产运动、给部队勘察土地、规定任务和督促检查外，还亲自在王家坪八路军总部前开荒种地，种下了白菜、冬瓜、土豆、南瓜等各种作物，打理得十分整齐，就像一个“蔬菜王国”。

《普通一兵》　戈跃　绘

周恩来因胳膊有伤就学习纺线，他说：“与困难作斗争，其乐无穷。”周恩来和任弼时还参加过中共中央直属机关的纺线比赛，以优异成绩被评为“纺线能手”。

边区政府主席林伯渠、副主席李鼎铭也制订了个人生产计划。他们的榜样行动，极大地鼓舞了边区军民的劳动热情。边区军民勒紧腰带，战胜各种困难，向荒山开战，向野岭要粮，向一切能够获得生存物资的地方进军。边区部队在南泥湾、槐树庄、大风川等地开展屯田大生产运动。战士们一面从事生产，一面进行军事训练，随时准备迎击日本侵略者对边区的进攻。轰轰烈烈的边区大生产运动的号角在陕北高原吹响了。

在中国共产党的领导下，各抗日根据地的大生产运动取得了巨大成绩。到 1943 年，仅晋绥、北岳、胶东、太行、太岳、皖中六区就扩大耕地 600 万亩以上。陕甘宁边区机关和部队每年需细粮（小米）7800 万斤，其中自己生产的达 3000 万斤。边区许多部队的粮食、经费达到全部自给，实现了“自己动手，丰衣足食”的目标。

《打谷场上》　夏风　作

《打水浇地　防旱备荒》　戚单　作

陕甘宁边区的广大农民群众更是热烈响应大生产运动的号召，普遍认识到抗日和生产的紧密关系：多开一亩荒，就多增强一份革命力量。据边区财政经济部的统计，边区群众在 1939 年开荒 100.27 万亩，1940 年开荒 69.9 万亩，1941 年开荒 48.1 万亩，1942 年开荒 35.5 万亩，1943 年开荒 77 万亩，1944 年开荒 105.47 万亩，总计开荒 436.24 万亩，人均开荒三亩。在这期间，陕甘宁边区的工业生产也有相当发展，先后办起了纺织厂、兵工厂、炼铁厂、造纸厂、农具厂、印刷厂、火柴厂、被服厂等。

在大生产运动中，中共中央十分重视用人民的创造性和劳动模范的事迹来教育群众。边区多次召开生产展览会和劳动英雄代表大会。毛泽东、朱德、刘少奇、周恩来等领导人参观展览，接见和嘉奖劳动模范，并总结他们的经验，加以提高和推广。

陕甘宁边区及其他敌后抗日根据地的大生产运动有效地缓解了物资的严重短缺，改善了根据地军民的生活，保障了抗日经费的供给，为争取

《运草》　古元　作

《开荒》　江丰　作

《除草》　戚单　作

《纺纱小组检查质量》　郭钧　作

《女生开荒队》 江丰 作

抗日战争的胜利奠定了物质基础。

在谈到部队生产问题时，毛泽东指出，蒋介石尽做坏事，但他不给我们八路军、新四军发饷倒成了好事。我们经济上受了封锁，少了几十万块饷钱，使原来对于蒋介石有点幻想的人，不再幻想了。他使我们找到了自己动手的道路。这比任何薪饷、任何援助都可靠。

《劳动英雄回乡》　石鲁　作

《小米加步枪——忆写延安大生产中一角》 石鲁 绘

（二）派劲旅　屯田垦荒闯烂滩
南泥湾　变成陕北好江南

1941 年春，八路军 120 师 359 旅开赴南泥湾屯田开荒。在旅长王震的率领下，高唱“一把镢头一支枪，生产自给保卫党中央”的战歌，挺进南泥湾屯田垦荒。一场改天换地的“战斗”在南泥湾打响了。

359 旅刚进驻南泥湾时，南泥湾其实是一片人烟稀少的“烂泥湾”。战士们这样描述：“南泥湾啊南泥湾，方圆百里山连山；雉鸡成伙满山噪，狼豹成群林里窜；猛兽当家百年多，一片荒凉没人烟。”

359 旅的到来，唤醒了南泥湾沉睡的大地。但是，迎接将士们的却是一个又一个的困难和考验。没有房子住，他们就用树枝、杂草搭建窝棚，在山坡上挖凿窑洞，甚至在野外露宿；粮食不够吃，他们就挖野菜、采野果、打野味来充饥，甚至到几百里之外的延长去背粮食；开荒种地缺少工具，他们就千方百计收集废铜烂铁，自己打造工具；夏天缺衣服穿，他们就光着膀子干；冬天被褥单薄，他们就砍柴烧木炭御寒取暖；学习时没有纸张，他们就用桦树皮代替；洗衣服没有肥皂，他们就用皂角和草木灰凑合……总之，一切困难在这些战无不胜的将士们面前都不得不低下头来。

359旅上自旅长，下至马夫，一律参加生产劳动。旅长王震身先士卒，双手布满了血泡。副旅长苏进、副政委王恩茂，也都上山开荒。供给部部长何维忠在大生产运动中始终站在第一线参与具体领导工作，拟

《开荒》　胡一川　作

《南泥湾》 靳之林 绘

定生产计划、开荒种地、兴办工厂等，事无巨细，亲力亲为，他以坚忍不拔的毅力克服了无数困难，以创造性的聪明才智完成了各项任务，以清正廉洁的品格为官兵树立了榜样。

359 旅后勤部政治委员罗章负责组织全旅开荒生产，他随身带着一把大镢头，走遍了全旅各个生产点。由于过度劳累，跌进深沟受了重伤。

营连干部更是与战士们一同劳动、生产和学习。718 团 9 连连长白银雪参加开荒比赛，连续劳动 15 个小时，开垦了 5.46 亩荒地，获得了全旅第一名。

经过几年艰苦奋战，359 旅做到了粮食全部自给，经费全部自给。1942 年，开荒种地 2.68 万亩，全年收细粮 30.5 万余斤；1943 年，开荒种地 10 万亩，全年收细粮 120 万斤，加上南瓜、土豆折粮（3 斤折细粮 1 斤），共为 150 万斤。

为了给部队筹措到更多资金，359 旅除了开荒种地，还办起了小工业，搞起了运输，做起了生意，开展多种经营。他们兴建了纺织厂、肥皂厂、制鞋厂、造纸厂、榨油厂、酒厂，挖煤、烧炭、熬盐……只要是部队需要的就千方百计自己动手。到 1942 年春，纺织厂已有很大的发展，平均每月出宽面布 1000 匹、毛巾 500 打、毛毯 1500 条。1942 年冬，同志们穿的棉衣就是用自己织的毛布做的，穿起来不但很暖和，而且很好看。随着工厂的迅速扩建和产量的不断提高，需要大批棉纱和毛线，全旅又掀起了纺纱热潮。

359 旅生产的布匹、肥皂不仅满足了本旅的需要，还卖给榆林、三边等边区老百姓，甚至远销山西省沿黄河一带。为此，旅供给部又组建了骡马运输大队，1942 年已经有 600 头驮骡常年往返于边区的延安、延川、绥德、米脂等地。还冲破国民党的层层封锁，将边区土特产品运往国民党统治区的口岸临镇、马头关等地，换回药品、工业品和日用品。骡马运输大队保障了陕北高原的运输和贸易，形成了农、工、商并举的发展方式。1942 年 12 月 12 日，《解放日报》副刊专门发表了题为《积极推行“南泥湾政策”》的社论，号召各根据地学习 359 旅的经验。

1942 年 12 月，在西北局高干会议上，党中央表彰了 359 旅并授予 359 旅一面“发展经济的先锋”的锦旗；王震等 22 名干部因领导大生产运动成绩显著，毛泽东分别为他们题词并颁发奖状。

1943 年 10 月，毛泽东视察南泥湾时，看到 359 旅大生产取得的丰硕成果，非常高兴，他说：“国民党要困死我们、饿死我们，他们越困，你们越胖了。”说得大家都笑起来。

到 1944 年，南泥湾农业生产种植面积达到 26 万多亩，全年收获粮食约 370 万斤，向陕甘宁边区政府缴纳公粮约 100 万斤。359 旅不但吃穿用度全部自给，而且达到了“耕一余一”（即耕种一年庄稼，除消耗外，可剩余一年吃的粮食），官兵们不仅能吃饱还能吃好，吃饭问题顺利得到解决。当地老百姓很风趣地

《炼铁厂》　马达　作

《菜圃》　古元　作

说:“359旅的战士除了不会生孩子,什么都能干!”

八路军总政治部电影团克服了胶片和技术设备奇缺的困难,摄制了大型纪录片《南泥湾》,真实地再现了359旅屯垦南泥湾的战斗历程。1943年初电影即将拍完,摄影队长吴印咸请求毛泽东为电影题词,毛泽东欣然同意,他在两张白纸上分别题写了“自己动手”“丰衣足食”八个大字,并签上自己的名字。影片在1943年春节放映,轰动延安,受到广大群众热烈欢迎。这部纪录片的插曲是由贺敬之作词、马可作曲的歌曲《南泥湾》:

《南泥湾耕织图》 赵宗藻 作

《纺纱》　彦涵　作

《织布》　彦涵　作

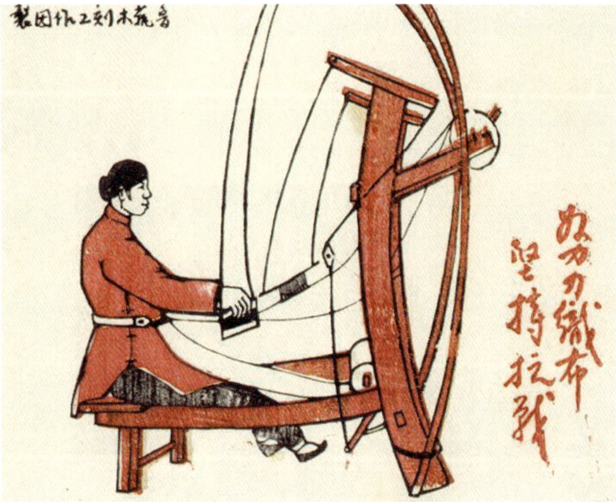

《努力织布　坚持抗战》　杨筠　作

《织布》　力群　石桂英　作

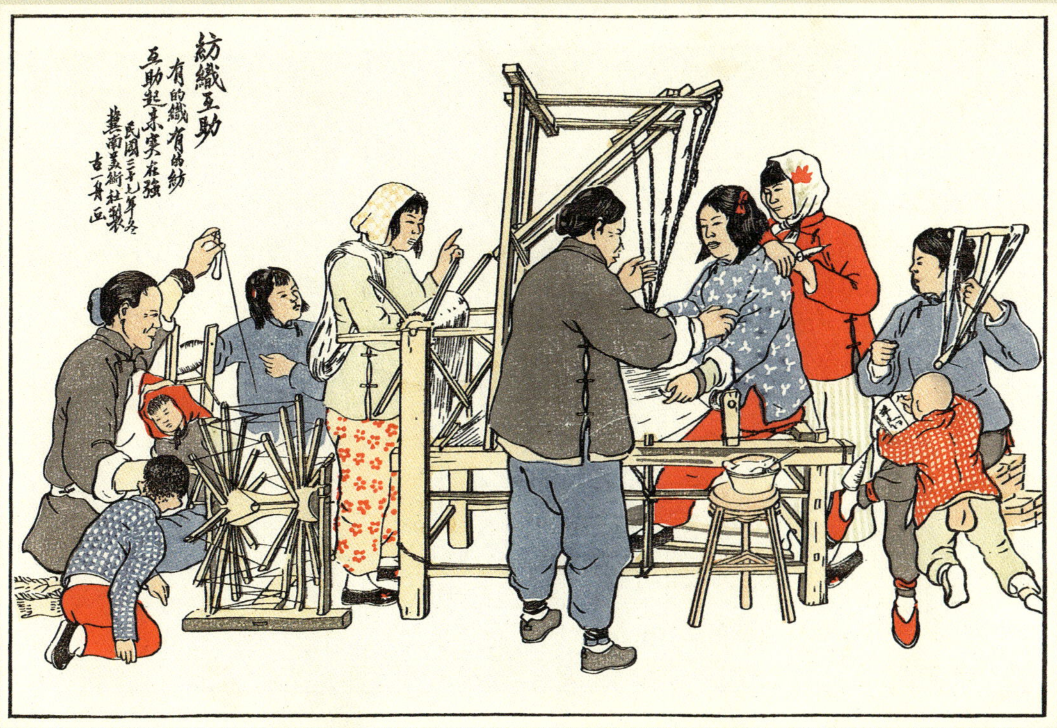

《纺织互助》　古一舟　作

“花篮的花儿香，听我来唱一唱，唱一呀唱，来到了南泥湾，南泥湾好地方，好地呀方，好地方来好风光，好地方来好风光，到处是庄稼，遍地是牛羊……”从此广为流传，久唱不衰。

（三）众师生　自力更生建校舍 勤攀登　排除万难显精神

全面抗战爆发后，全国各地的抗日青年如潮水般涌向延安。1938 年前后，大批青年学生走进中共中央在延安刚创办的抗日军政大学、鲁迅艺术学院、陕北公学等红色学校学习，使延安这座古城一下子焕发青春活力，沸腾起来了。

抗战进入相持阶段后，由于国民党的军事围困和经济封锁，延安生活条件极为艰苦。这些学校的师生们热烈响应党中央号召，参加了大生产运动。学校在创办过程中自力更生，克服重重困难，逐步完善办学条件。

抗日军政大学简称“抗大”，由于学员人数骤然增多，校舍十分紧张。教育长罗瑞卿亲自扛着镢头，

《打窑洞》　力群　作

率领1000多名教职工和学员，来到凤凰山挖窑洞。经过半个月的突击劳动，抗大师生沿凤凰山山坡，共挖成175孔窑洞。埃德加·斯诺、马海德、艾格尼丝·史沫特莱参观了这所古今中外没有过的大学校舍，送给抗大一个独一无二的校名——“窑洞大学”。

窑洞说是冬暖夏凉，夏凉是真的，冬暖就难说了。到了三九天，大家即使挤在一个炕上，也冻得够呛。睡觉时把脱下的棉衣棉裤盖在身上，不脱内衣，这样倒是暖和一些，可是不久大家就发现内衣上满是虱子，只好在晒太阳的时候抓紧捉虱子。

抗大的学员中，除了许多青年学生，还有不少是久经沙场的军、师级干部。他们在学习中，没有纸，就找出旧线装书，拆了翻过背面订成本子；没有笔，就用树枝作笔，大地作纸，在地上练写字、做习题。那时能买到一个蘸水笔尖，就很高兴了，把它绑在筷子上、高粱秆上或插进子弹壳里，就是一支阔气的“自来水笔”；没有墨水，有的挤桑葚汁代替，有的用锅灰泡水作墨汁。总之，大家找窍门、想办法，克服学习上的各种困难。

鲁艺的校舍，由原西班牙一神甫在桥儿沟修建的

师生自己动手挖窑洞

一座教堂和周围的一些窑洞组成。校舍不足，师生们自己动手挖窑洞。没有教室，戏剧系的学员们自己动手搭建席棚，在席棚下排练戏剧。戏剧系学员排演的苏联话剧《带枪的人》公演时，为了将列宁和斯大林扮演得更加逼真，他们想尽各种办法，最后从山上找来各色矿物泥，涂在脸上。首演成功后，毛泽东送给所有演职人员两碗猪油用来卸妆，但同志们都舍不得用它来卸妆，最后用猪油炒小米饭来犒劳自己。

美术系学员需要一间光线较好的画室，师生们自己动手上山伐木备料，请来木匠和泥水匠做指导，不到半个月的时间，就以一间旧厨房为基础，扩建成了一间60平方米的新画室。又用采伐来的小树干做了几十个画架。绘画用纸是边区自制的马兰草纸，绘画用的笔则多半都是烧制的木炭条。只有木刻用的梨木板、枣木板比较好，边区盛产梨树、枣树，随时可取，只要自己加工锯开刨平，就是木刻的好材料。

音乐系学员练歌就是跑到山上去吊嗓子。大提琴、小提琴等西洋乐器在延安十分稀缺。音乐系的教师张贞黼提议自制乐器。张贞黼是我国第一代大提琴家，来延安时，他就带了一套完整的小提琴制作设备。延安乐器厂就诞生在了桥儿沟的窑洞里，张贞黻任厂长，工人大多为鲁艺学员。有谁会想到，经典歌剧《白毛女》、歌曲《生产大合唱》《黄河大合唱》的乐队，就是在这山沟窑洞里诞生的。

陕北公学简称“陕公”。陕公创立之初，分校的校舍全是借用老百姓的房屋，就连教学用的桌椅板凳及其他生活用品，都是老百姓自愿提供的。延

《街头画展》 苏晖 作

安冬季很冷，各地来的学生很多没经历过这样冷的天气。住在窑洞里的学生还好些，住在旧平房里的学生，则感到到处透风。那时候，常常六七人共睡一个土炕，晚上翻身都困难。由于校舍缺乏，不管是在刺骨的寒风中，还是在炎炎的烈日下，学员们都只能在露天课堂学习革命的道理。陕北公学学生的背包都是一物两用，晚上盖身子，白天当坐凳。雨天，师生卷起裤脚学习。冬天，便头顶雪花。主食是小米、土豆，主菜则是咸菜。大家以苦为乐，努力适应陕北公学的学习环境。毛泽东对陕公的困难非常重视，他亲自借《援助陕公》这本书的发行，大声呼吁："维持这个学校的责任我认为也应是全国乃至海外华侨一切爱国人士的，因为这个学校并无任何公私财政基础，教员学生们都只吃小米饭，而且不能经常吃。"这本书发行后，立即产生了巨大的反响，陕北公学不断收到社会各阶层人士及海外华侨的捐款。

尽管延安学员们的生活非常艰苦，然而他们的脸上永远绽放着笑容。他们的心中始终有一个伟大的信念在支撑，在革命精神的鼓舞下，他们决心学好本领，将日本侵略者驱逐出去，建设起一个民主自由的新中国！

《鲁艺校景》　力群　作

（四）狂日寇　枉费心机炸延安
同甘苦　乐观向上迎朝阳

抗日战争时期，延安是中共中央所在地，是中国人民抗日战争的革命圣地，陕甘宁边区是模范的抗日民主根据地，因此也是日本帝国主义最痛恨的地方。据 1946 年 3 月 10 日《解放日报》的统计，从 1938 年 11 月 20 日至 1941 年 8 月 19 日，日寇不定期地空袭延安共 17 次，共投弹约 1690 枚；炸死 214 人，伤 184 人；房屋毁坏、牲畜伤亡，延安人民的生命、财产遭到了重大损失。

自 1938 年 11 月 20 日遭日机首次轰炸后，延安城里的机关连夜迁到城外山沟窑洞里，毛泽东也从城里凤凰山下搬到杨家岭。延安军民提高了防空意识，听到报警军号声，军民们就赶紧疏散。几个山头架上机枪，向敌机开火。飞机来袭时，大家或躲在窑洞里看书学习，或隐蔽于沟壑石缝之中。由于延安县城面积狭小，指示目标不明显，黄土高坡地形复杂多变，且党、政、军机关大多设在窑洞中，所以日军的轰炸难以收到预想的效果。

《飞雪迎春》　李习勤　作

延安的老百姓，后来对日本鬼子的空袭也习以为常，不像开始那样害怕了。每逢日机轰炸后飞走，有些人就赶忙出来捡碎弹片，到市场卖废铁。因为用于制造炸弹的钢铁质量好，延安铁匠铺求之不得，废物利用，发展生产。

面对日本侵略者和国民党顽固派对延安的袭击、封锁，延安军民在艰苦斗争的岁月中，始终保持高昂的革命乐观主义精神。尽管工作、学习、劳动任务很重，时间很紧，但各个学校学员们却朝气蓬勃，将生活安排得井井有条，一派积极向上的景象。

每逢周末，八路军大礼堂、中央礼堂、党校礼堂就放映有声电影，演出大型的话剧和京剧。早先，延安是不曾放过电影的，也没有人会放电影，然而，大家没想到周恩来会放电影。原来周恩来在苏联治伤时学会了放映技术，1941 年他从苏联治伤归来前夕，苏联共青团送给中国共青团一套 8 毫米放映机和几部苏联电影胶片。回延安后，周恩来手把手教会了电影队的几个小伙子放电影。后来，这几部苏联电影又放映给延安几所学校的学员们观看，作为学习《联共（布）党史简明教程》的辅助材料。《列宁在十月》《列宁

《黄河岸边枣儿香》　刘宏祥　作

在1918》《保卫察里津》《夏伯阳》等几部经典影片，尽管反复放映，但大家还是看得津津有味。第一次放映《列宁在十月》时，是周恩来站在大操场的凳子上给大家翻译的。由于反反复复地看这几部片子，大家将电影的情节记得滚瓜烂熟，到后来连不懂俄文的同志不用翻译都能看懂电影的内容。

运动场上，有精彩的篮球、排球比赛，吸引着不少球迷。朱德常在前线指挥作战，但也不时回延安开会，住上两三天或一个星期，又回到前线去了。哪怕待的时间再短，朱德也要下到连队走一走，与战士们痛痛快快来一场篮球赛。

逢年过节，机关、学校、文艺团体的同志们和群众扭秧歌、踩高跷、耍狮子、舞龙灯、跑旱船，更是热热闹闹。

唱歌，是当年延安的一道亮丽风景线。延安各个学校都有自己的校歌，学员们在每次开大会前都会举行热烈的拉歌比赛。抗大的学员们慷慨激昂地唱起："黄河之滨，集合着一群中华民族优秀的子孙。人类解放，救国的责任，全靠我们自己来担承……"陕北公学的学员们紧追不舍，接着唱起："这儿是我们祖

《杨家岭的春天》　杨青　作

先发祥之地……”鲁艺的学员们也不甘落后，引吭高歌：“我们要继承鲁迅的革命传统，沿着鲁迅开辟的道路……”各个学校相互拉歌，此起彼伏，一浪高过一浪。诗人公木和作曲家郑律成创作的《八路军大合唱》是继《黄河大合唱》之后的又一力作，它那雄壮的旋律、刚健的节奏，深受延安军民欢迎。

《杨家岭中央大礼堂》 刘岘 作

在抗战艰难困苦的岁月里，延安机关干部和战士以野菜野果充饥，但大家毫无怨言，始终保持旺盛的革命斗志。他们还自编自唱了这样一首歌：野菜野果，充饥解渴；自生自长，天然粮仓；艰苦奋斗，打败日寇。

《回忆延安》　古元　作

延安时期，那真是一个慷慨激昂、引吭高歌的时期，激昂的歌声传递着强大的精神感召力。任何艰难险阻，非但不能压垮革命战士，反而激发了他们的豪情壮志，培育了革命乐观主义精神。

《延安火炬》　蔡亮　绘

结语

延安时期是我们党领导的中国革命事业从低潮走向高潮、实现历史性转折的时期。13 年峥嵘岁月，中国共产党由小到大、由弱到强，从低谷走向高峰，最终扭转了中国的乾坤。

新时代十年的伟大变革，是在以习近平同志为核心的党中央坚强领导下、在习近平新时代中国特色社会主义思想指引下全党全国各族人民团结奋斗取得的。新征程上，“两个确立”是我们战胜一切艰难险阻、应对各种压力挑战的最大底气、最大保证。

延安时期，面对黄炎培提出的如何跳出治乱兴衰历史周期率的问题，毛泽东给出了第一个答案，就是

“让人民来监督政府”。党的十八大以来，以习近平同志为核心的党中央在全面从严治党实践中给出了第二个答案，就是“党的自我革命”。坚定不移推进全面从严治党，始终保持党的先进性和纯洁性，确保党始终成为中国特色社会主义事业的坚强领导核心。党的二十大报告字里行间昭示着我们党刀刃向内的魄力和坚韧，强调党的自我革命、全面从严治党“必须永远吹冲锋号”。

延安时期，党提出全心全意为人民服务的根本宗旨并写入党章。党的十八大以来，习近平总书记明确提出以人民为中心的发展思想，并强调“人民对美好生活的向往，就是我们的奋斗目标”，“江山就是人民、人民就是江山，打江山、守江山，守的是人民的心”……这些真挚动情的话语，给全党以方向和指引，给人民以温暖和力量。“人民对美好生活的向往，就是我们的奋斗目标。”2012年11月15日，北京人民大会堂东大厅，新当选的中共中央总书记习近平同中外记者见面，铮铮誓言响彻中华大地。十年后，在二十届中共中央政治局常委同中外记者见面时，习近平总书记再次郑重宣示：“想人民之所想，行人民之所嘱，不断把人民对美好生活的向往变为现实。”

延安时期，外有日本帝国主义侵略，内有国民党顽固派的军事挑衅、经济封锁，我们党发扬斗争精神，艰苦奋斗，自力更生，顽强拼搏，在贫瘠的土地上开创了革命事业的新天地。党的十八大以来，以习近平同志为核心的党中央团结带领全党全国各族人民攻克了许多长期没有解决的难题，办成了许多事关长远的大事要事，经受住了来自政治、经济、意识形态、自然界等方面的风险挑战考验，党和国家事业取得历史性成就、发生历史性变革，中华民族伟大复兴展现出前所未有的光明前景。在党的二十大上，党中央号召全党坚持发扬斗争精神，不信邪、不怕鬼、不怕压，知难而进、迎难而上。2023 年的“开局之年第一课”

上，面对党内“关键少数”，习近平总书记深入分析国际国内大势，强调必须“敢于斗争、善于斗争，通过顽强斗争打开事业发展新天地”。

延安时期，毛泽东首次提出实事求是的思想路线，并开创“使马克思主义在中国具体化”的论断，号召全党用马克思主义的立场、观点、方法研究分析中国革命的重大问题。1945 年召开的党的七大把毛泽东思想确立为全党的指导思想，为夺取抗日战争伟大胜利和中国革命彻底胜利发挥了关键作用。实践告诉我们，中国共产党为什么能，中国特色社会主义为什么好，归根到底是马克思主义行，是中国化时代化的马克思主义行。新时代以来，以习近平同志为主要代表的中国共产党人，坚持把马克思主义基本原理同中国具体实际相结合、同中华优秀传统文化相结合，科学回答中国之问、世界之问、人民之问、时代之问，在伟大实践中创立了习近平新时代中国特色社会主义思想。这一伟大思想，是当代中国马克思主义、二十一世纪马克思主义，是中华文明和中国精神的时代精华，实现了马克思主义中国化时代化新的飞跃。正是在这一思想指引下，党和国家事业取得了全方位、开创性的辉煌成就，我们国家、民族、人民焕发出了前所未有的自信心和凝聚力。

千秋伟业势如虹，重整行装再出发。2022 年 10 月 27 日，习近平总书记带领新一届中共中央政治局常委在延安革命纪念馆参观《伟大历程——中共中央在延安十三年历史陈列》展览。参观结束，习近平总书记带领中共中央政治局常委阔步走出纪念馆。总书记满怀豪情，向全党全国各族人民发出伟大号召："同志们！党的二十大制定了当前和今后一个时期党和国家的大政方针，描绘了以中国式现代化全面推进中华民族伟大复兴的宏伟蓝图。让我们踏上新征程，向着新的奋斗目标，出发！"